GPA®
Miracle Geometry Psychology Pictogram Coaching

미라클

도형시리 픽토그램 코칭

도형심리로 나를 읽는 기술, 타인을 아는 지혜

미라클 도형심리 픽토그램 코칭
Miracle Geometry Psychology Pictogram Coaching

_____ 에게 드립니다.

우리의 목적은 서로 같아지는 것이 아니라
타인을 이해하고 있는 모습 그대로 존중하며
인정하는 것을 배우는 과정에 있으며
내 안에 탁월함을 발견하고 귀중한 가치에 부합되게
나의 삶을 창조해 가는 것에 있다
Today & Tomorrow HRD Center

CONTENTS

미라클 도형심리 픽토그램	03	천재형	72
기하심리 그림검사	08	드문형	82
GPA / PROCESS	17	좌상우하형	92
Five MATRIX	18	우상좌하형	102
Nine MATRIX	21	보수형(타워)	112
단순형	22	라이프속(생활사건)	122
중첩형	32	위크 포인트형	132
트래버스형	42	무기력(편집형)	142
중복형	52	다운 정서형	144
몰입형	62	태극형/히란야형	154

GPA®
Miracle Geometry Psychology Pictogram Coaching

미라클

도형심리 픽토그램 코칭

아주 오래된 먼 옛날부터,
인간은 자신의 감정과 사고를 그림기호를 통해 표현해왔다. 그림은 인간의 언어를 대신해왔으며 인간의 소통을 위한 문자는 그림으로부터 출발하였다. 그림을 통하여 표현하고자 하는 사물을 표상화한 것이 문자의 시초이며 어떤 생각을 관련된 사물로 그려서 표현한 것이 문자발달의 첫 단계인 그림문자_Pictogram이다. 특히, 도형으로 표현되는 표상이나, 이미지는 인간에게 있어서 매우 친숙한 그림 언어이다.

도형심리그림검사는 네 가지의 도형그림을 통해서 드러나는 내면의 무의식을 읽고, 해석하며, 클라이언트의 상황을 깊이 이해하고 상담이나 코칭을 통하여 문제를 해결하고 갈등이나 스트레스를 완화하여 성장을 지원하는 탁월한 검사도구이다.

본서에서는 네 가지 도형의 그림을 통하여 나타나는 심리, 정서 상태를 코칭할 수 있도록 2012년에 개발된 코칭질문카드의 내용을 중심으로 출간하게 되었으며 저자의 첫 번째 도서 나를 읽는 기술, 타인을 아는 지혜의 글 중 일부 발췌 하였다.

심리검사도구는 크게 객관적검사_Objective Test와 투사적 검사_Projective Test로 구분할 수 있다.

객관적 검사_Objective Test중 자기보고식 검사_Selfreport Inventory는 질문지형식으로 작성되어 있으며 옳고 그름이 없다. 질문에 대하여 자신의 생각이나 의견, 현재의 태도, 등 해당되는 항목에 답하는 형식이다. 구조화되어 있고 채점과정이 표준화되어 있으며 해석에 대한 규준이 제시되어 있다. 각 개인의 개별화된 특성을 끌어내기 보다는 공통적인 특성을 비교 평가하는 것으로서 검사 실시가 용이하고 해석이 간편하며 신뢰도 및 타당도가 검증되어 있다. 그러나 자기보고식 검사는 응답자의 왜곡된 반응이 발생할 문제점이 있다.

반면에 투사적 검사_Projective Test는 비구조화 된 검사를 통하여 개인의 독특성, 개별성을 최대한 이끌어 낼 수 있으며 피검자의 방어기제를 최대한 억제 할 수 있고 평소에 드러나지 않던 전의식, 무의식의 심리적 특성이 반영될 수 있기 때문에 개인의 욕구나 갈등상황, 성격특성 등을 파악할 수 있다는 장점을 가지고 있다. 또한 투사적 검사에서는 양적인 정보수집보다는 개인 고유의 독특성에 대한 정보를 중요하게 다루는 질적인 측면에 초점을 맞추어 해석하게 된다. 그러나 검사자극이 모호하고 해석하는 과정에 주관적 평가에 의한 해석을 근거로 삼기 때문에 맹분석_Blind analysis이 될 우려가 있음을 유의 해야 한다.

필자에 의해 국내외 최초로 개발된 GPA 도형심리검사는 객관적 문항검사_Objective Test와 투사적 그림검사_Projective Test가 혼합된 검사도구이다(오미라,2010). 총 68문항으로 이루어진 성격유형검사를 중심으로 네 가지 도형유형을 주 척도로 하고 보조 척도 4가지 유형이 추가되어 총 8가지 유형으로 분류된다. 기하학적인 형태에 따라 각기 다른 성격특성을 표현하고 있다.

도형그림을 활용한 그림검사기법으로 네 가지 도형을 제시하고 선호하는 도형을 그리게 한 뒤 그림의 위치, 모양, 크기 형태에 따라 현재의 심리내적인 상태 및 수준을 분석하여 제공하는 투사적 검사로서 기질적 특성의 강점과 약점, 현재 바라는 욕구, 충동성 및 스트레스 상황, 정서상태의 안정감과 결함에 대하여 표현된 수준을 심리, 정서적 평가 및 분석_Assessment and Analysis의 도구로 활용 할 수 있다(오미라,2012).

위와 같이 문항검사와 그림검사를 혼합 사용함으로써 각 각의 검사도구의 강점을 활용하여 검사하고자 하는 진단의 목적과 효용성을 높일 수 있게 된다.

단순한 네 가지 도형의 그림 한 장만으로도 쉽고 간편하게 현재의 주된 관심사와 스트레스, 에너지밸런스, 그림패턴에 대한 특성 등 다양한 정보를 확인할 수 있게 된다. 중요한 것은 현재의 무의식의 심리상태는 고정된 것이 아니라 유동적 이며 늘 변화할 수 있다는 점이다. 그러므로 선천적 성격유형은 표준화된 문항중심으로 검사실시하고 무의식의 심리상태는 현재를 중심으로 도형그림 패턴과 크기, 위치 및 모양에 따라 분석하는 것이 올바른 검사방법이라 할 수 있다.

심리검사 결과는 연속선상에 있는 점수이지만 이런 결과를 도출하게 한 내면의 과정은 연속적인 것이 아닐 수 있는 만큼 그림검사로 투사되는 내면의 심리적 상황을 새로운 정보로 추가하여 왜곡된 정보를 수정할 수 있으며 그림검사만으로 해석하기에 애매한 모호성을 문항검사를 통하여 보다 더 객관적인 정보를 통하여 정확하고 구체적인 의미와 정보를 제공하므로 통합적인 분석의 틀을 제공할 수 있게 된다. 더구나 코칭기법을 적용하여 분석하게 되면 방어기제를 완화하고 건설적인 방향으로 자신의 문제를 스스로 해결하며 실행의지를 강화하여 탁월한 코칭효과를 높일 수 있다.

본서에서는 그림분석의 맹분석 오류를 줄이기 위하여 패턴화된 도형그림에 따른 효과적인 질문스킬을 적용하여 초보자도 쉽게 도형심리그림분석을 할 수 있도록 제시해놓았다.

검사의 목적은 고객의 입장에서 고객의 성장과 발전을 위한 것이며 검사 이후 어떻게 해결할 수 있는지에 대하여 문제해결을 고민하고 스스로 성장을 위한 의지를 강화하게 하는 것이다.
그러므로 검사자의 태도는 매우 중요하다. 무책임한 언어로 고객의 마음에 평생 지울 수 없는 상처를 남기거나 오히려 좌절감을 갖게 하는 경우가 종종 있으므로 매우 조심스럽고 신중하게 다가 설 일이다.

검사자의 평소 언어사용습관이 검사 해석에 미치는 영향은 매우 크다 할 수 있으므로 평소 언어습관을 항상 조심하며 타인을 세워주고 격려하며, 인정하고 칭찬하며 긍정적인 언어사용을 하도록 노력하며 습관화 할 일이다.

(사)한국코치협회 코칭 철학

코칭의 전제
코칭의 철학과 코치의 역할

(사)한국코치협회는 고객 스스로가 자신의 사생활 및 직업생활에 있어 그 누구보다도 잘 알고 있는 전문가로서 존중하는 코칭을 지지합니다.

모든 사람은

* 창의적이다.
* 완전성을 추구하고자 하는 욕구가 있다.
* 누구나 내면에 자신의 문제를 스스로 해결할 수 있는 자원을 가지고 있다고 믿고 있으며,

이 관점에 근거해 코치의 역할을 다음과 같이 정의합니다.

1. 고객이 달성하려고 하는 목적을 발견하고, 명확하게 하고, 협력하는 것
2. 고객의 자기 발견을 촉진하는 것
3. 고객 스스로가 해결책이나 전략을 낳도록 이끄는 것
4. 고객 자신의 선택과 행동에 스스로 책임을 갖게 하는 것

출처. (사)한국코치협회 | http://www.kcoach.co.kr

TNT 도형심리 GPA® KOREA
Geometry Psychology Pictogram

기하심리 그림검사
Geometry Psychology Pictogram

위 네 가지 도형 중 가장 마음에 드는 도형 한 개를
골라 3번 그린 다음 나머지 도형은 각 1번씩 그린다.

TNT 도형심리 GPA® KOREA
Geometry Psychology Pictogram

도형심리 그림검사 Type 분류

배열에 따른 분석	단순형_ Simple Type 중첩형_ Collision Type 트래버스 타입_ Traverse Type 중복형_ Overlap Type 몰입형_ Concentration Type 보수형_ Tower Type 다운정서형_ Down Type
위치에 따른 분석	좌상우하_ Stress Type 우상좌하_ Complex Type
크기에 따른 분석	라이프쇽_ Life Shock 위크포인트_ Weak Point
형태에 따른 분석	드문타입_ Seldom Type 천재타입_ Genius Type 무기력, 강박, 편집타입

GPA® 기하심리 그림검사 Type 분류

① **단순형**　　　3번 그린 도형이 각각 떨어져 있는 형태
② **중첩형**　　　3번 그린 도형 이외에 도형이 겹쳐져 있는 형태
③ **트래버스형**　3번 그린 도형이 이어져 있는 형태
④ **중복형**　　　3번 그린 도형이 중복되어 있는 형태
⑤ **몰입형**　　　3번 그린 도형이 몰입되어 있는 형태
⑥ **드문형**　　　도형이 일부 생략되어 있는 형태
⑦ **천재형**　　　한 곳에 3번 눌러 그린 형태
⑧ **보수형**　　　3번 그린 도형이 탑처럼 쌓여 있는 형태
⑨ **라이프쇽**　　3번 그린 도형의 크기가 다르게 그린 형태
⑩ **위크 포인트**　전체 도형중 유난히 크거나 작은 도형이 있는 형태
⑪ **스트레스 타입**　좌상우하 형태의 사선으로 그려진 도형
⑫ **컴플렉스 타입**　우상좌하 형태의 사선으로 그려진 도형
⑬ **다운정서형**　가로로 나란히 배열된 형태
⑭ **편집형**　　　전체 도형 중 에스가 눕혀져 있는 형태
⑮ **기타형태**　　위 내용에서 없는 경우

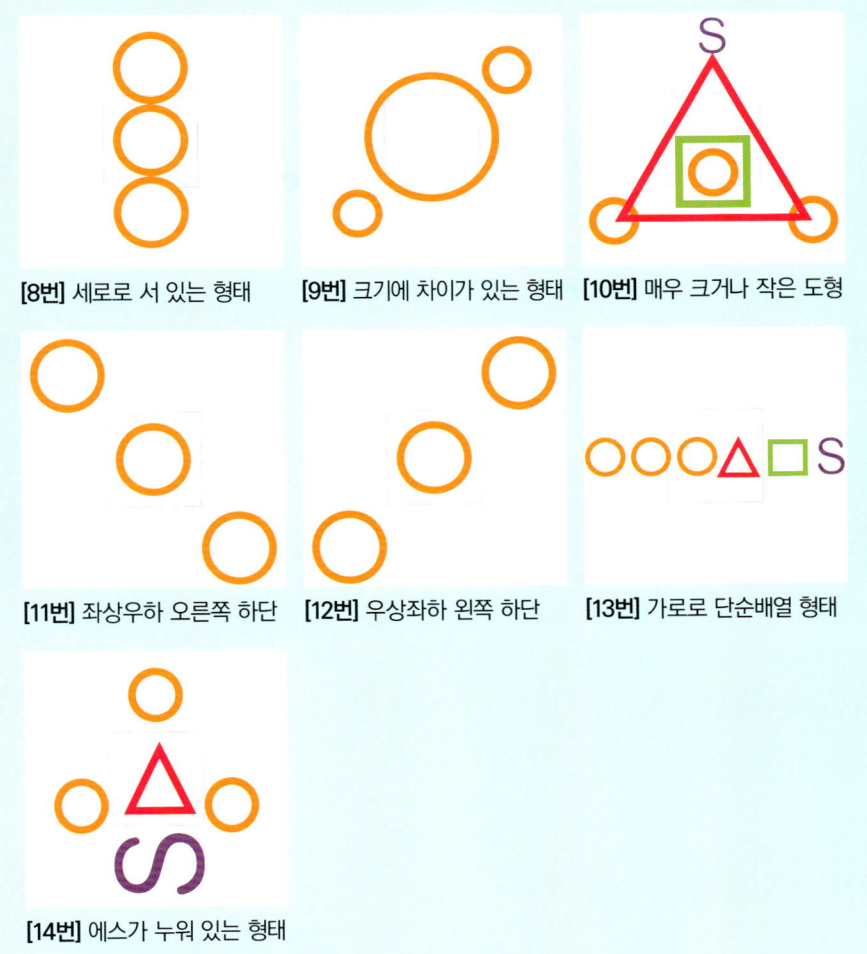

GPA® 대인관계 역동성_ Up 에너지

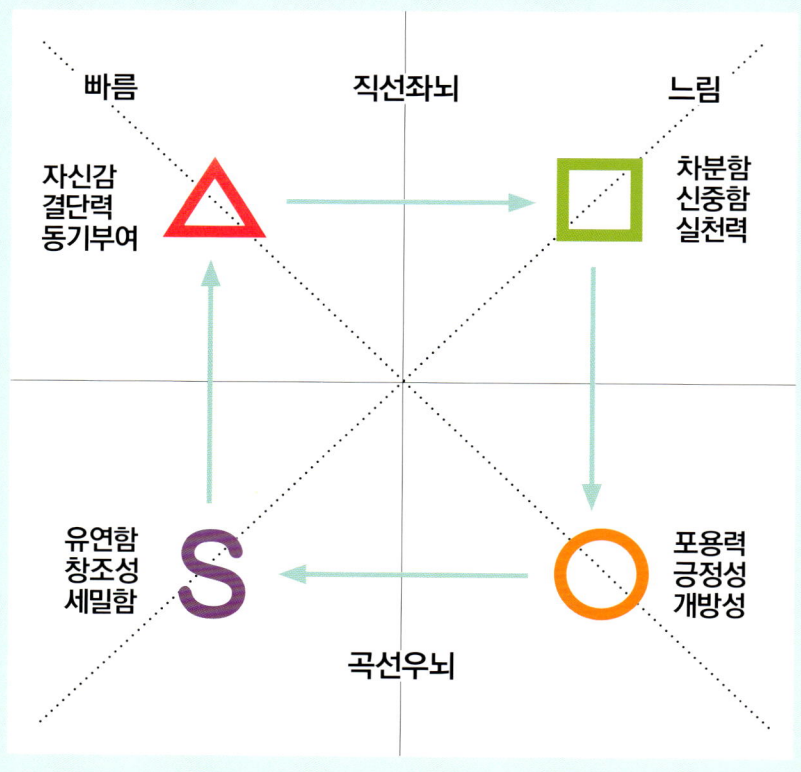

GPA® 대인관계 역동성_ Down 에너지

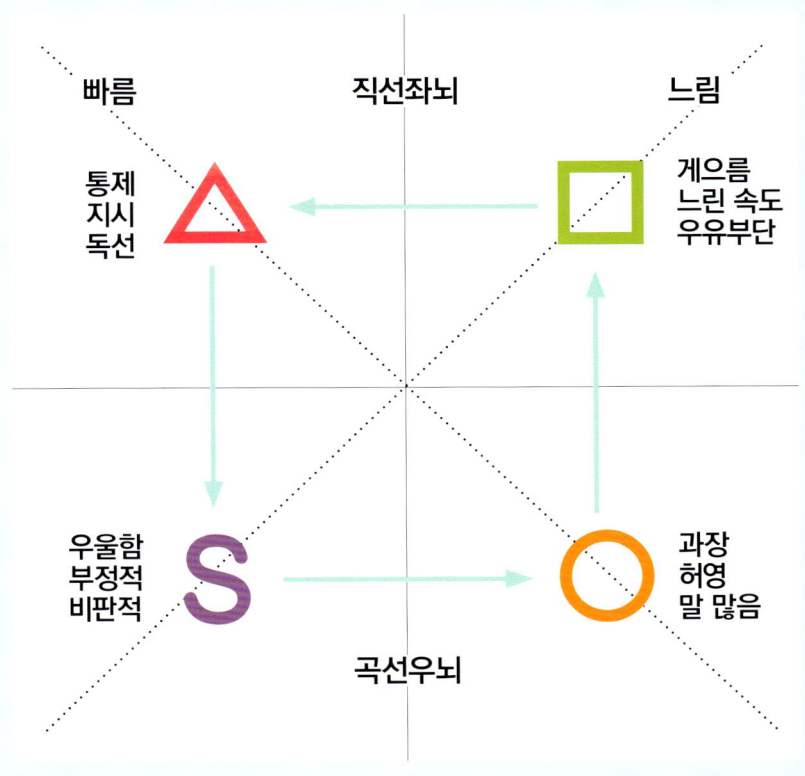

TNT 도형심리 GPA® KOREA

유형	도형심리 유형별 단계	도형해석의 의미
○	포용력, 사교성, 개방성	사람, 관계, 환경
△	리더십, 주도성, 추진력	일, 자신감, 목표, 승진
□	규범, 책임감, 실천력	공동체, 지식, 자금
S	융통성, 창조성, 감수성	영성, 이성, 예술성, 건강

TNT 도형심리 GPA® PROCESS

1단계 ▶	래퍼 형성하기 / 맞이하기
2단계 ▶	1차 / 2차 문항검사 결과확인
3단계 ▶	그림검사 결과 패턴분석 / 15가지 타입
4단계 ▶	Good Point / 강점강화 / 인정,칭찬스킬
5단계 ▶	Weak point / 보완점인식 / 교정피드백
6단계 ▶	코칭영역 확인 / 주요이슈 / 기대목표
7단계 ▶	적용 및 실천 / 동기부여 / 목표설정

도형심리 공간별 분석 FSM : FIVE SPACE MATRIX

4. 보류상태 Defer		2. 동기부여 Motivation
	1. 주된관심사 Here & Now	
5. 컴플렉스 Complex		3. 스트레스 Stress

도형심리 공간별 코칭 스킬
FSMCS : Five Space Matrix Coaching Skill

주된 관심사 : 형태의 상태
지금, 현재 당신이 가지고 있는 가장 큰 관심사는 무엇입니까?

동기부여 : 기대목표
어떻게 되기를 원하십니까?

스트레스 : 자원 찾기
당신의 기대목표를 이루어가는데 방해가 되는 것은 무엇입니까?

보류상태 : 강화 해야 할 것
당신이 가지고 있는 자원 중 사용하고 있지 않는 자원이 있다면 무엇입니까?

컴플렉스 : 버려야 할 것
기대목표를 이루어가는데 걸림돌이 되는 것은 무엇입니까?

코칭질문_ MEMO

도형심리 공간별 분석 NSM : NINE SPACE MATRIX

3. 사고영역 (과거이미지)	2. 만족 (현재이미지)	5. 미래비전 (미래이미지)
4. 보류 (무관심)	1. 주된 관심사 Here & Now	4. 해결 긍정적 사고
5. 강박관념 (컴플렉스)	2. 미해결과제 (현재)	3. 스트레스 결핍요구

단순형_ Simple Type

형태
첫 번째 선택하여 3번 그린 도형의 형태가 각 각 떨어져 있는 도형그림

특성
라이프스타일이 매우 단순하다.
복잡함 보다 단순함을 선호하고 문제해결방식도 역시 단순한 접근을 시도 한다 . 인간관계에 있어서도 피상적인 관계를 선호하며 깊이 있고 친밀감이 강한 유대관계를 부담스럽게 여길 수 있다.
독립적이고 객관적인 경향을 보인다.
평면적 사고 경향이 있으며 수동적이거나 소극적인 경향을 보인다 .
자기개발 의지가 낮은 편이다 .

개발포인트
적극성, 도전성, 강한 의지, 마무리

단순형_ Simple Type

코칭질문_ MEMO

단순형_ Simple Type : 동그라미

ISSUE : 사람, 관계, 환경 - 의지

WHO | 관계관점 | 상·중·하

- 다른 사람들에게 어떤 사람으로 기억되고 있나요?
- 자신이 원하는 사람으로 기억되기 위해 무엇이 필요한가요?
- 좋은 관계를 유지하기 위해 무엇이 더 필요한가요?
- 시작해놓고 마무리 되지 않은 것이 있다면 무엇인가요?
- 그것을 마무리하기 위해 어떻게 할 수 있나요?
- 그 일을 끝까지 성취 했을 때 당신의 느낌은?

코칭질문_ MEMO

단순형_ Simple Type : 세모

ISSUE : 자신감, 목표, 계획, 승진 – 도전

When l What | 기획 | 적절한 시점

- 현재 가장 관심 가지고 있는 목표는 무엇인가요 ?
- 얼마나 만족하고 있나요 ?
- 그 일이 성취되었을 때 무엇을 이룰 수 있나요 ?
- 시작하지 못하는 장애물은 무엇인가요 ?
- 지금 시작하기 위해 필요한 자원은 무엇인가요 ?
- 가장 먼저 무엇을 할 수 있나요 ?

코칭질문_ MEMO

단순형_ Simple Type : 네모

ISSUE : 공동체, 지식, 자금, 학업 – 개발

HOW | 방법확인 | 상·중·하

- 더 얻고 싶은 지식은 무엇인가요?
- 그것을 배우면 무엇이 달라지나요?
- 그것을 배우는데 장애가 되는 것은 무엇인가요?
- 어떻게 / 무엇을 더 개발할 수 있나요?
- 개발(성장) 하기 위해 필요한 자원은 무엇인가요?

코칭질문_ MEMO

단순형_ Simple Type : 에스

ISSUE : 영성, 이성, 예술성, 건강 - 긍정성

Why ǀ 원인분석 ǀ 상·중·하

- 현재 가장 큰 관심사는(주된영역)?
- 지나친 관심에서 포기해야 할 것은 무엇인가요?
- 얼마나 만족하고 있나요?
- 가장 완벽하기를 원하는 것은 무엇인가요?
- 조금 더 긍정적으로 생각한다면 무엇이 달라질까요?

중첩형_ Collision Type

형태
세 번 그린 선택도형이 심플형이지만
나머지 도형들이 추가되면서 서로 중첩된 그림

특성
심플형보다 사고 수준이 활성화 되어 있으며
적극적이고 능동적이며 입체적 사고를 지향한다.
생각이 복잡한 편이다. 선과 선의 부딪힘을 주저하지 않으므로
갈등이나 어려운 문제해결을 위해 적극적으로 대응하려고 한다.
시도해본다. 추진한다

개발포인트
배려심. 양보. 신중함

중첩형_ Collision Type

코칭질문_ MEMO

중첩형_ Collision Type : R-중첩형

ISSUE : 사람, 관계, 환경

WHO l 관계관점 l 상·중·하

- 나는 다른 사람들에게 어떤 사람인가요?
- 자신이 생각하는 '나'는 어떤 사람인가요?
- 좋은 관계를 유지하기 위한 방법은 무엇인가요?
- 가장 먼저 어떻게 할 수 있나요?
- 도움을 요청할 수 있는 대상이 있다면 누구인가요?

코칭질문_ MEMO

중첩형_ Collision Type : T-중첩형

ISSUE : 자신감, 목표, 계획, 승진

When l What | 의사결정

- 현재 당신이 가장 이루고 싶은 목표는 무엇인가요?
- 그 일은 당신에게 어떤 영향을 주고 있나요?
- 자신에게 얼마나 중요한 일인가요?
- 가장 먼저 무엇을 선택할 수 있나요?
- 그 일이 성취된다면 무엇이 달라질까요?
- 그 일은 당신에게 어떤 의미가 있습니까?

코칭질문_ MEMO

중첩형_ Collision Type : B-중첩형

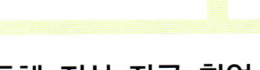

ISSUE : 공동체, 지식, 자금, 학업

How | 방법확인 | 상·중·하

- 가정이란 당신에게 어떤 공간입니까?
- 당신의 일터(직장)는 당신에게 어떤 공간입니까?
- 자신의 꿈을 이루기 위해 가장 중요한 우선 순위는?
- 새로운 모험을 한다면 무엇을 가장 먼저 해보고 싶은가요?
- 지금 당장 해 볼 수 있는 일인가요? 해보시겠어요?

코칭질문_ MEMO

중첩형_ Collision Type : S-중첩형

ISSUE : 영성, 이성, 예술성, 건강 – 긍정성

Why | 원인분석 | 상·중·하

- 일상 중 가장 많이 집중하고 있는 관심은 무엇인가요?
- 그것 때문에 내가 얻고 있는 유익은 무엇인가요?
- 그것 때문에 내가 잃고 있는 손실은 무엇인가요?
- 타인으로부터 가장 많이 듣는 평가는 무엇인가요?
- 그 이야기를 들으면 어떤 생각이 드나요?
- 자신이 절제 해야 한다고 생각되는 것은 무엇인가요?

트래버스형_ Traverse Type

형태
첫 번째 선택하여 3번 그린 도형의 형태가 모두 연결되어 있는 도형그림

특성
논리적이고 분석능력이 뛰어나며 두뇌가 우수한 편이다.
기획능력이나 전략수립에 능하다.
때로는 결단력이 부족하거나 실천력이 부족하여
끝마무리가 어려울 수 있다.

* 인접한 측점(測點)을 잇는 선분을 트래버스선 또는 측선이라고 한다.

개발포인트
결단력, 의사결정능력, 실천력

트래버스형_ Traverse Type

코칭질문_ MEMO

트래버스형_ Traverse Type : 동그라미

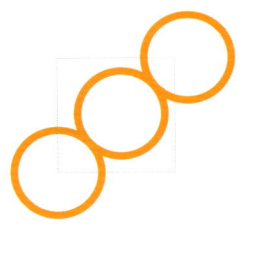

ISSUE : 사람, 관계, 환경 - 친밀감

WHO l 관계관점 l 상·중·하

- 어떤 사람들과 연결되길 원하나요?
- 현재 나는 어떤 사람들과 연결되어 있나요?
- 나에게 있어 지지자/격려자는 누구인가요?
- 좋은 관계를 유지하기 위한 방법은 무엇인가요?
- 가장 먼저 어떻게 할 수 있나요?

코칭질문_ MEMO

트래버스형_ Traverse Type : 세모

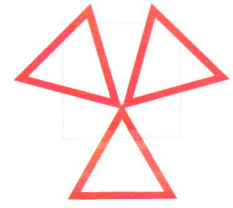
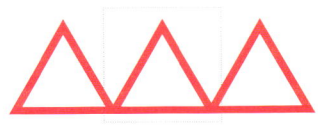

ISSUE : 자신감, 목표, 계획, 승진 – 선택

When l What l 의사결정

- 당신이 결정한 선택은 어떤 의미가 있나요?
- 그 일은 당신에게 어떤 영향을 주고 있나요?
- 지금 다시 새롭게 결정한다면 어떤 선택을 할까요?
- 자신에게 얼마나 중요한 일인가요?
- 가장 먼저 무엇을 선택할 수 있나요?
- 그 일이 성취된다면 무엇이 달라질까요?

코칭질문_ MEMO

트래버스형_ Traverse Type : 네모

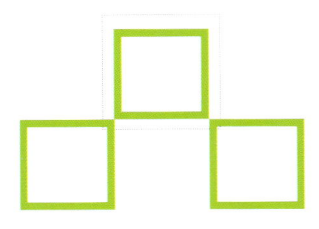

ISSUE : 공동체, 지식, 자금, 학업 – 행동

How | 방법확인 | 상·중·하

- 알고 있는 지식을 행동으로 옮기기 위해 무엇이 필요한가요?
- 가장 먼저 무엇을 도전해 볼 수 있을까요?
- 자신과 타인에게 주는 유익은 무엇인가요?
- 새로운 모험을 한다면 무엇을 가장 먼저 해보고 싶은가요?
- 지금 당장 해 볼 수 있는 일인가요? 해보시겠어요?

코칭질문_ MEMO

트래버스형_ Traverse Type : 에스

ISSUE : 영성, 이성, 예술성, 건강 – 절제

Why | 원인분석 | 상·중·하

- 일상 중 가장 많이 집중하고 있는 관심은 무엇인가요?
- 그것 때문에 내가 얻고 있는 유익은 무엇인가요?
- 그것 때문에 내가 잃고 있는 손실은 무엇인가요?
- 타인으로부터 가장 많이 듣는 평가는 무엇인가요?
- 그 이야기를 들으면 어떤 생각이 드나요?
- 자신이 절제 해야 한다고 생각되는 것은 무엇인가요?

중복형_ Overlap Type

형태
첫 번째 선택하여 3번 그린 도형의 형태가 모두 중복되어 있는 도형그림

특성
복잡한 사고과정을 즐긴다.
좋아하는 것과 싫어하는 것의 영역과 경계가 뚜렷한 편이다.
임기응변에 능하고 순발력이 뛰어나다.
삶의 굴곡이 있거나 주변정리가 어렵고 버리는 것에 대한
집착과 미련이 많다.(관계 & 사물)
3번 그린 도형의 크기에 차이가 클 때 정서적 불안정이나 또는
관계, 일, 이성으로 인한 라이프쇽(Life shock)을 예측해볼 수 있다.

개발포인트
단순함. 내려놓음. 떠나 보냄

중복형_ Overlap Type

코칭질문_ MEMO

중복형_ Overlap Type : 동그라미

ISSUE : 사람, 관계, 환경 – 버리는 기술

WHO ㅣ 관계관점 ㅣ 상·중·하

- 기억에서 떠나 보내고 싶은 대상이 있다면 누구인가요?
- 소유하고 있는 것 중에 버려야 할 것은 무엇인가요?
- 버리지 못하고 가지고 있는 이유는 무엇인가요?
- 그것은 당신에게 어떤 의미가 있나요?
- 그것을 버리지 않으면 어떻게 되나요?
- 그것을 필요로 하는 사람은 누구일까요?

코칭질문_ MEMO

중복형_ Overlap Type : 세모

ISSUE : 자신감, 목표, 계획, 승진 – 여유

When l What | 선택과 집중 | 우선순위 정하기

- 자신에게 있어 가장 중요한 일은 무엇인가요?
- 그 일이 중요한 이유는 무엇인가요?
- 그 일을 하지 않으면 어떻게 되나요?
- 가장 먼저 무엇을 할 수 있나요?
- 지금이 적절한 기회인가요?
- 그 일이 나에게 주는 의미는 무엇인가요?

코칭질문_ MEMO

중복형_ Overlap Type : 네모

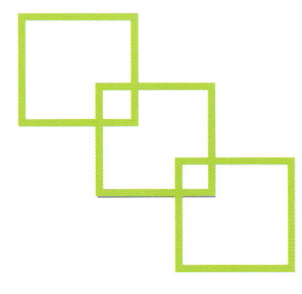

ISSUE : 공동체, 지식, 자금, 학업 – 추진력

How | 방법확인 | 상·중·하

- 가장 먼저 실행하고 싶은 것은 무엇인가요?
- 지금 하지 않으면 후회 할 것 같은 일은 무엇인가요?
- 지금 당장 그것을 실행한다면 어떻게 달라질까요?
- 그 일은 당신에게 어떤 의미가 있나요?
- 그 일을 실행하는데 장애가 되는 것은 무엇인가요?

코칭질문_ MEMO

중복형_ Overlap Type : 에스

ISSUE : 영성, 이성, 예술성, 건강 – 단순화

Why | 원인분석 | 상·중·하

- 현재 가장 큰 관심사는(주된 영역) ?
- 그 일이 나에게 주는 의미는 무엇인가요?
- 그로 인해 자신이 얻는 유익은 무엇인가요?
- 자신이 타인에게 줄 수 있는 유익은 무엇인가요?
- 어떻게 되기를 원하나요?

몰입형_ Concentration Type

형태
동일한 선택도형을 한 곳에 세 번 몰입하여 그린 형태

특성
관심 갖는 일이나 대상, 사물에 대하여 집중력이
매우 뛰어나므로 한가지 일에 전문가가 많다.
지나치면 중독이나 집착으로 이어질 가능성이
있어 주의가 필요하다.
반복하는 일에 잘 견디며 인내심이 있다.
매사에 열정적인 경향이 있어서 시작한 일은
반드시 마무리를 하며 성과를 내는 편이다.

개발포인트
지나친 몰입이나 강박에서 벗어나기. 지나친 관심에서 떠나보기. 홀로서기

몰입형_ Concentration Type

코칭질문_ MEMO

몰입형_ Concentration Type : 동그라미

ISSUE : 사람, 관계, 환경 – 정서분리

WHO Ⅰ 관계관점 Ⅰ 상·중·하

- 현재 자신이 집중하고 있는 관심 / 대상은 무엇인가요?
- 그 일(사람)은 나에게 어떤 의미를 주나요?
- 그 일을 성취했을 때 유익은 무엇인가요?
- 혼자 있을 때 나는 어떤 느낌이 드나요?
- 다른 사람들은 혼자 있을 때 어떤 느낌을 가질까요?

코칭질문_ MEMO

몰입형_ Concentration Type : 세모

ISSUE : 자신감, 목표, 계획, 승진 – 분석

When l What | 객관화

- 현재 가장 큰 관심사는(주된 영역) 무엇인가요 ?
- 자신에게 얼마나 중요한 일인가요?
- 그 성공은 당신 / 타인에게 어떤 유익을 줄 수 있나요?
- 그것을 하면 무엇을 얻을 수 있고 잃게 되나요?
- 그 일의 성공은 자신에게 어떤 의미가 있나요?

코칭질문_ MEMO

몰입형_ Concentration Type : 네모

ISSUE : 공동체, 지식, 자금, 학업 - 변화

How | 방법확인 | 상·중·하

- 새롭게 시도하고 싶은 일은 무엇인가요?
- 그 일을 시도하는데 장애가 되는 것은 무엇인가요?
- 지금 하지 않으면 어떻게 될까요?
- 목표를 이루었을 때 어떤 느낌이 들까요?
- 누구에게 도움을 얻을 수 있나요?

코칭질문_ MEMO

몰입형_ Concentration Type : 에스

ISSUE : 영성, 이성, 예술성, 건강 – 집착

Why ㅣ 원인분석 ㅣ 상·중·하

- 자신이 집중하고 있는 것은 무엇, 누구인가요?
- 그 일, 대상을 떠올리면 어떤 느낌이 들지요?
- 자신이 가장 행복할 때 무엇이 떠오릅니까?
- 자신이 홀로 남아 있을 때 어떤 느낌이 들지요?
- 자신이 가지고 있는 탁월한 강점은 무엇인가요?
- 다른 사람들은 당신을 어떤 사람으로 평가하나요?

천재타입_ Genius Type

형태
한곳에 도형을 3번 집중하여 그린 그림

특성
Micro 타입, 축소지향, 압축, 농축. 집중력이 뛰어나고
두뇌가 우수한 편이다.
개성이 있다. 비범하다.
적응력이 뛰어나다.
1000명 중 1명 정도로 사례가 매우 드물다.

개발포인트
다양성. 개방성. 수용성

천재타입_ Genius Type

코칭질문_ MEMO

천재타입_ Genius Type : 동그라미

ISSUE : 사람, 관계, 환경 - 신뢰

WHO l 협력

- 현재 가장 큰 관심사는(주된 영역) 무엇인가요?
- 가장 신뢰하는 사람이 있다면 누구일까요?
- 무엇을 함께 할 수 있을까요?
- **협력**할 수 있는 방법은 무엇인가요 ?
- 가장 먼저 어떻게 할 수 있나요?

코칭질문_ MEMO

천재타입_ Genius Type : 세모

ISSUE : 자신감, 목표, 계획, 승진 - 협업

When l What l 연구개발

- 현재 가장 큰 관심사는(주된 영역) 무엇인가요 ?
- 자신에게 얼마나 중요한 일인가요?
- 타인과 함께 할 수 있는 일인가요?
- 함께 했을 때 어떤 유익이 있을까요?
- 그것은 당신에게 어떤 의미가 있나요?

코칭질문_ MEMO

천재타입_ Genius Type : 네모

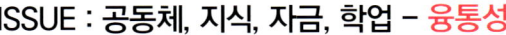

ISSUE : 공동체, 지식, 자금, 학업 – 융통성

How | 신뢰감

- 다르게 생각해보기
- 덜 진지하기
- 현재 가장 주된 관심사는 무엇인가요?
- 자신에게 주는 유익은 무엇인가?
- 다르게 해본다면 어떻게 시도할 수 있나요?

코칭질문_ MEMO

천재타입_ Genius Type : 에스

ISSUE : 영성, 이성, 예술성, 건강 – 수용성

Why | 창조성

- 회피하지 않기
- 관심분야 넓히기
- 현재 가장 집중하고 있는 일은 무엇인가요?
- 그 일은 현실적인 일인가요?
- 원하는 것을 이루었을 때 유익은 무엇인가요?

드문 타입_ Seldom Type

형태
3번 선택한 도형이나 기타도형 중 일부 생략하여 그린 경우

특성
매우 전통적이거나 매우 미래지향적이며
직관력, 통찰력, 상상력이 뛰어나다.
평범한 것을 거부하며
개성이 강하고 독특하다.

개발포인트
자신을 오픈 하는 개방성. 타인을 받아들이는 수용성

드문 타입_ Seldom Type

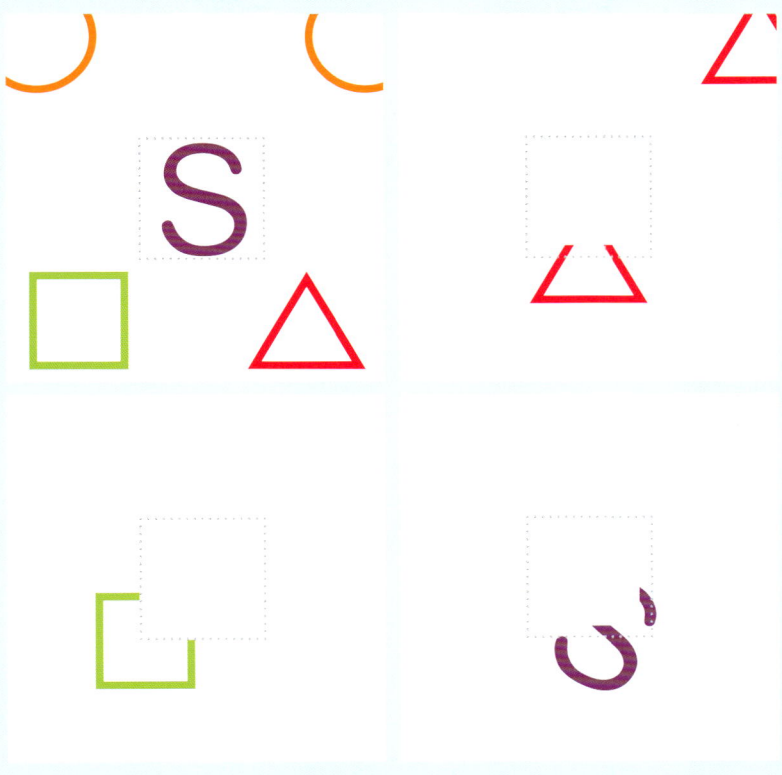

미라클 도형심리 픽토그램 코칭 83

코칭질문_ MEMO

드문 타입_ Seldom Type : 동그라미

ISSUE : 사람, 관계, 환경 – 개방

WHO | 협력

- 현재 가장 큰 관심사는(주된 영역) 무엇인가요?
- 어떤 사람을 만났을 때 가장 편안한가요?
- **마음을 열면** 상대방이 어떻게 생각할까요?
- 어떤 사람으로 보여지고 싶은가요?
- 가장 먼저 어떻게 할 수 있나요?

코칭질문_ MEMO

드문 타입_ Seldom Type : 세모

ISSUE : 자신감, 목표, 계획, 승진 – 현실감

When l What | 속도

- 자신의 의식세계는 어디에 있나요?
- 과거 / 현재 / 미래
- 속도 맞추기
- 무엇을 하고 싶은가요?
- 지금 당신에게 꼭 필요한 일인가요?

코칭질문_ MEMO

드문 타입_ Seldom Type : 네모

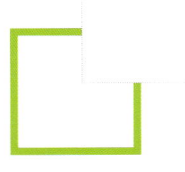

ISSUE : 공동체, 지식, 자금, 학업 - 융통성

How | 신뢰감

- 다르게 생각해보기
- 덜 진지하기
- 현재 가장 주된 관심사는 무엇인가요?
- 자신에게 주는 유익은 무엇인가?
- 다르게 해본다면 어떻게 시도할 수 있나요?

코칭질문_ MEMO

드문 타입_ Seldom Type : 에스

ISSUE : 영성, 이성, 예술성, 건강 - 고립감

Why | 창조성

- 회피하지 않기
- 타인과 함께 하기
- 현재 가장 주된 관심사는 무엇인가요?
- 그 일은 현실적이라고 생각되나요?
- 그 목표가 이루어졌을 때 유익은 무엇인가요?

좌상우하형_ Stress Type

형태
좌상우하형 : 과거지향적.
좌측상단에서 우측하단으로 내려간 그림 중 우측하단에 위치한 도형

특성
동그라미 : 인간관계. 사랑. 외로움. 현실적
세모 : 꿈. 목표좌절. 수동적
네모 : 공동체. 자금. 학업. 지식
에스 : 예술성. 영성. 재능. 건강. 이성

개발포인트
뒷심개발하기. 끝장보기. 포기하지 않기

좌상우하형_ Stress Type

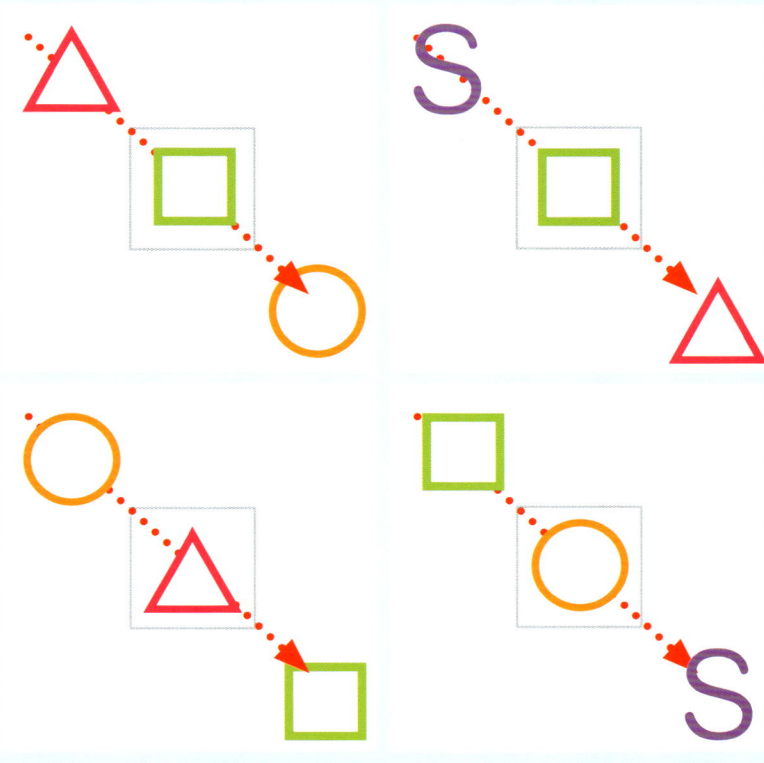

코칭질문_ MEMO

좌상우하형_ Stress Type : 동그라미

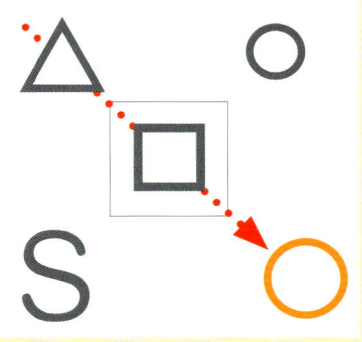

ISSUE : 사람, 관계, 환경 – 화해

WHO ㅣ 포용력

- 가장 힘들게 하는 대상은 누구인가요?
- 상대방의 장점 5가지를 생각해본다면?
- 그는 나에게 어떤 마음이 들까요?
- 화해하지 않으면 어떻게 될까요?
- 용서했을 때 당신의 감정상태는 어떤 마음일까요 ?

코칭질문_ MEMO

좌상우하형_ Stress Type : 세모

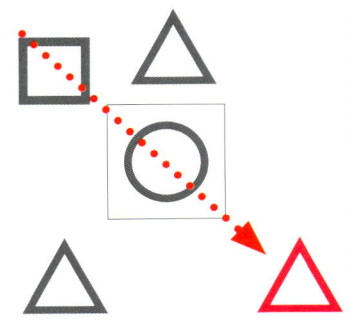

ISSUE : 자신감, 목표, 계획, 승진 – 수동적

When l What ǀ 적극성

- 당신의 잃어버린 꿈이 있다면 무엇인가요?
- 그 꿈을 이루기 위해 무엇이 필요한가요?
- 가지고 있는 탁월성을 3가지 찾아본다면 무엇일까요?
- 최고의 성공은 무엇이라고 생각하나요?
- 성공을 이루었을 때 가장 먼저 하고 싶은 말은 무엇인가요?

코칭질문_ MEMO

좌상우하형_ Stress Type : 네모

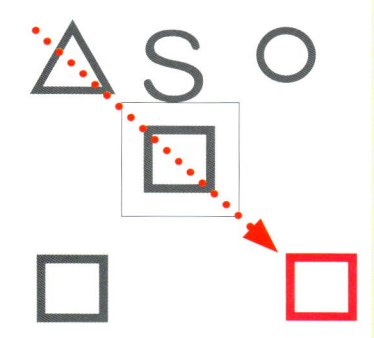

ISSUE : 공동체, 지식, 자금, 학업 - 공동체

How | 적응력

- 내가 속해 있는 공동체는 자신에게 어떤 의미인가요?
- 만일 그 공동체에서 떠난다면 어떻게 될까요?
- 지금이라도 새로운 선택을 한다면 어떻게 할 수 있을까요?
- 그 선택이 최선이라고 생각하는 이유는 무엇인가요?
- 앞으로 어떻게 달라질 수 있을까요?

코칭질문_ MEMO

좌상우하형_ Stress Type : 에스

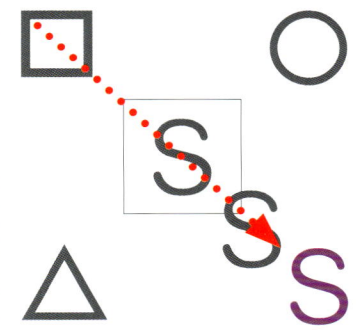

ISSUE : 영성, 이성, 예술성, 건강 – 충전

Why | 에너지 | 감정관리

- 나를 힘들게 하고 지치게 하는 것은 무엇일까요?
- 컨디션을 회복할 수 있는 방법은 무엇일까요?
- 충전된 에너지로 무엇을 새롭게 하고 싶은가요?
- 내가 집중하고 싶은 것은 무엇인가요?
- 집중하면 무엇을 이루어 낼 수 있을까요?

우상좌하형_ Complex Type

형태
우상좌하형 : 미래지향적. 회복형
우측상단에서 좌측하단으로 내려간 도형 중 좌측하단에 위치한 도형

특성
동그라미 : 관계, 사랑, 열등감, 비교의식
세모 : 목표, 계획, 발전가능성, 새로운 계획
네모 : 학력, 공동체, 자금, 열등감
에스 : 이성, 건강, 영성, 창조성, 예술성

개발포인트
자존감높이기, 척하기(잘난척, 이쁜척, 있는척)

우상좌하형_ Complex Type

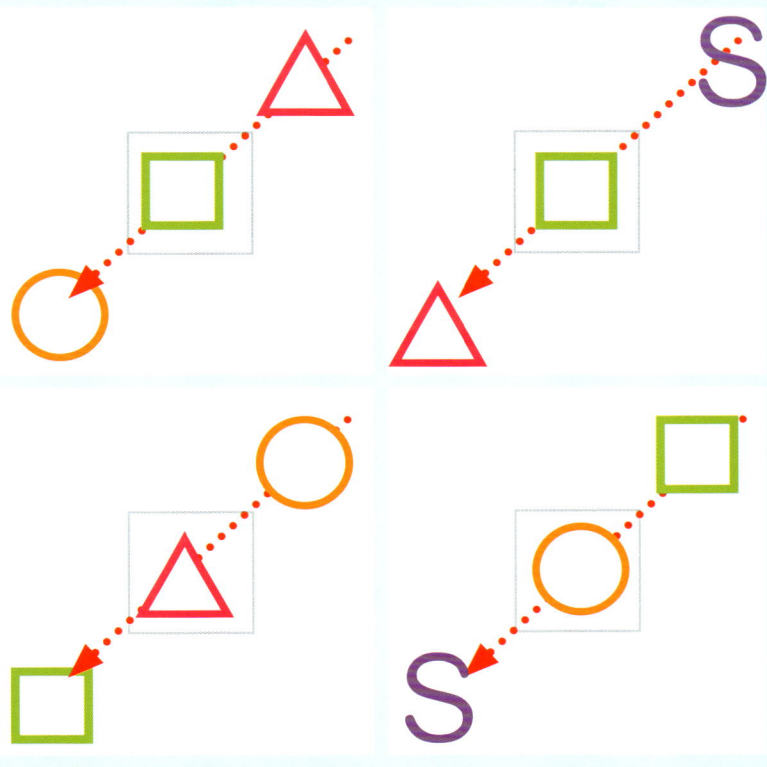

코칭질문_ MEMO

우상좌하형_ Complex Type : 동그라미

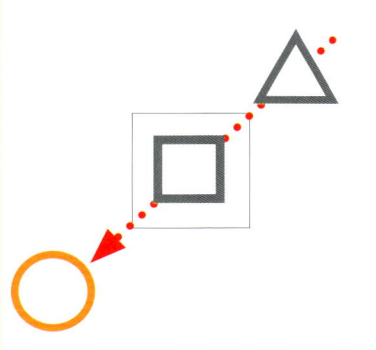

ISSUE : 사람, 관계, 환경 - 그리움

WHO l 망각

- 지금, 곁에 있는 중요한 사람은 누구인가요 ?
- 그 사람으로 인해 가장 행복한 일은 무엇인가요 ?
- 당신의 기억 속에서 당신을 자극하는 사람이 있나요?
- 어린 시절로 되돌아간다면 만나고 싶은 사람은 누구인가요?
- 그 사람은 지금 당신에게 어떤 영향을 주고 있나요?

코칭질문_ MEMO

우상좌하형_ Complex Type : 세모

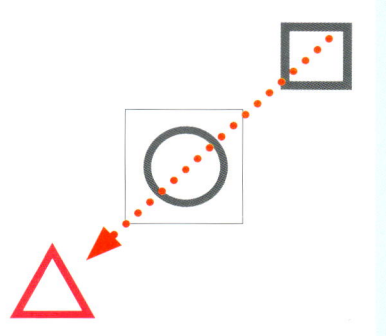

ISSUE : 자신감, 목표, 계획, 승진 – 자존감

When l What | 강한 의지

- 당신이 가장 잘했다고 생각되는 성공경험은 무엇인가요?
- 그 때 발휘한 당신의 탁월함은 무엇이었나요?
- 그 탁월함으로 지금 새롭게 하고 싶은 일은 무엇인가요?
- 성장하는데 걸림돌이 되는 것은 무엇일까요?
- 그것을 해결할 수 있는 새로운 방법은 무엇일까요?

코칭질문_ MEMO

우상좌하형_ Complex Type : 네모

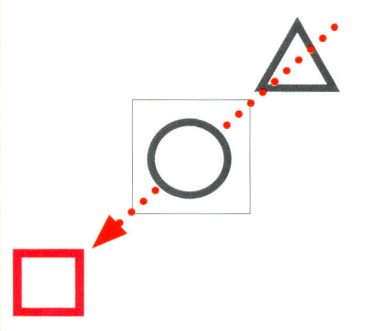

ISSUE : 공동체, 지식, 자금, 학업 - 열등감

How | 인내심

- 과거에 자신이 가장 배우고 싶었던 것은 무엇이었나요?
- 지금 그것을 새롭게 배우게 된다면 어떻게 될까요?
- 새롭게 시도해 보고 싶은 일은 무엇인가요?
- 그 일이 당신에게 주는 의미는 무엇인가요?
- 자신에게 가장 해주고 싶은 칭찬.인정은 무엇인가요?

코칭질문_ MEMO

우상좌하형_ Complex Type : 에스

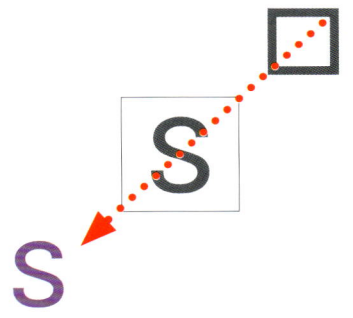

ISSUE : 영성, 이성, 예술성, 건강 – 무감각

Why | 에너지 | 감정관리

- 회피하지 않기 / 관심에 집중하기
- 내면의 소리에 귀 기울이기- 어떻게 되기를 원하나요?
- 어떻게 할 수 있나요?
- 누구에게 도움을 요청할 수 있나요?

보수형_ Tower Type

형태
3번 선택한 도형이 탑처럼 수직으로 세워져 있는 형태

특성
지극히 보수적이며 완고하고 고집이 센 편이다.
굳건하다. 일관적이다.
동그라미 : 사람에 대한 집착, 편견
세모 : 일에 대한 강박증, 성취욕구
네모 : 극 보수형, 전통적, 변화에 대한 거부감
에스 : 내부지향적, 거부에 대한 두려움 내면에 분노심

개발포인트
유연함. 경청. 협력. 타인의 의견 들어보기

보수형_ Tower Type

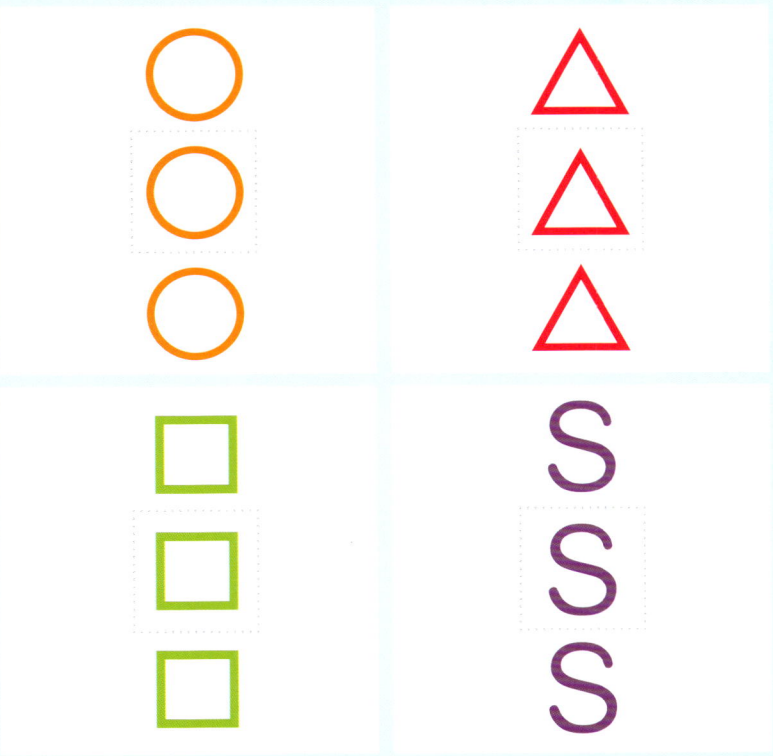

코칭질문_ MEMO

보수형_ Tower Type : 동그라미

ISSUE : 사람, 관계, 환경 – 단절

WHO l 포용력

- 먼저 손 내밀기
- 현재 가장 큰 관심사는(주된 영역) ?
- 가장 어렵게 여겨지는 대상은 누구인가요?
- 어떻게 할 수 있나요?
- 수용했을 때 자신의 감정상태는 어떻게 달라질까요?

코칭질문_ MEMO

보수형_ Tower Type : 세모

ISSUE : 자신감, 목표, 계획, 승진 – 이기심

When l What | 리더십

- 가장 잘 할 수 있는 일은 무엇인가요?
- 그 일을 성취했을 때 나의 감정은 어떠했나요?
- 타인과 함께 할 수 있는 방법은 무엇인가요?
- 자신과 타인이 함께 얻을 수 있는 것은 무엇인가요?
- 당신이 리더가 된다면 어떻게 하고 싶으세요?

코칭질문_ MEMO

보수형_ Tower Type : 네모

ISSUE : 공동체, 지식, 자금, 학업 – 고집

How | 안정

- 새롭게 시도하고 싶은 일은 무엇인가요?
- 그 일을 시도하는데 가장 어려운 점은 무엇인가요 ?
- 그 일을 하지 않으면 어떻게 될까요?
- 어떻게 되고 싶은가요?
- 목표를 이루었을 때 어떤 느낌이 들까요?

코칭질문_ MEMO

보수형_ Tower Type : 에스

S
S
S

ISSUE : 영성, 이성, 예술성, 건강 – 분노심

Why | 원인분석 | 검증

- 자신이 집중하고 있는 것은 무엇인가요?
- 현재 가장 큰 관심사는(주된 영역) ?
- 당신이 가장 염려하고 있는 것은 무엇인가요?
- 마음의 평안을 유지할 수 있는 방법은 무엇일까요?
- 어떻게 되었으면 좋겠어요?

라이프쇽(생활사건)_ Life Shock

형태
1차 도형중 하나가 유난히 크고 두 개가 작을 때 과거 상처일 경우가 많다.
2개가 유난히 크고 하나가 작을 때 최근의 상처일 가능성을 탐색해본다.

특성
동그라미 : 관계, 이별, 사별
세모 : 목표좌절, 실패
네모 : 조직, 공동체, 자금, 학습
에스 : 이성, 실연, 영성, 재능, 건강

개발포인트
상처치유, 회복탄력성, 분노 다스리기

라이프쇽(생활사건)_ Life Shock

코칭질문_ MEMO

라이프쇽(생활사건)_ Life Shock : 동그라미

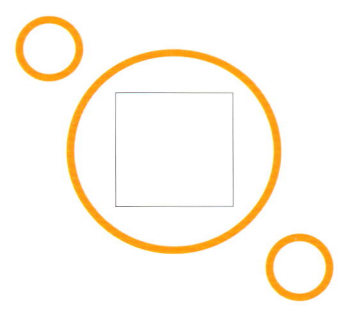 

ISSUE : 사람, 관계, 환경 – 용서

WHO I 포용력

- 현재 가장 큰 관심사는(주된 영역) ?
- 지금 기억 속에 떠오르는 사람은 누구인가요?
- 그 사람에게 고마운 점이 있다면 무엇일까요?
- 서운한 마음이 들 때 어떻게 하면 좋을까요?
- 용서했을 때 감정상태는 어떻게 달라질까요?

코칭질문_ MEMO

라이프쇽(생활사건)_ Life Shock : 세모

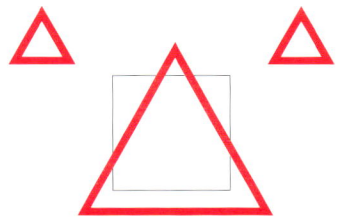 

ISSUE : 자신감, 목표, 계획, 승진 – 좌절감

When ǀ What ǀ 적극성

- 가장 잘 할 수 있는 일은 무엇인가요?
- 그 때 나의 감정은 어떠했나요?
- 새로 시작하고 싶은 일은 무엇인가요?
- 시작하는데 방해가 되는 것은 무엇인가요?
- 어떻게 해결할 수 있을까요?

코칭질문_ MEMO

라이프쇽(생활사건)_ Life Shock : 네모

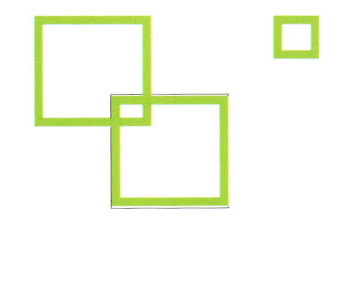

ISSUE : 공동체, 지식, 자금, 학업 – 갈등

How | 결단력

- 우유부단함에 대하여….
- 어떻게 되기를 원하나요?
- 어떻게 할 수 있나요?
- 언제부터 할 수 있나요?
- 목표를 이루었을 때 어떤 느낌이 들까요?

코칭질문_ MEMO

라이프쇽(생활사건)_ Life Shock : 에스

S s S

ISSUE : 영성, 이성, 예술성, 건강 – 무기력

Why | 명랑함

- 현재 가장 큰 관심사는(주된 영역) ?
- 에너지가 충전되면 가장 먼저 무엇을 하고 싶어요?
- 그 일을 할 때 어떤 느낌이 들까요?
- 어떻게 할 수 있나요?
- 사랑에 대한 당신의 생각을 말로 표현해보시겠어요?

위크 포인트_ Weak point Type

형태

특성

다른 도형보다 하나가 특별히 크거나 작게 나타나기도 하며
내면에 무의식적으로 숨겨진 약점이나 욕구가 장점으로 개발되지
않았을 경우 표현되는 경우가 많다.

weak Point 도형의 미개발된 약점을 보완할 수 있도록
개발하는 방법에 대한 상담이나 코칭이 필요하다.

weak Point 는 객관적 검사 문항점수 중
가장 작게 나타나는 경우가 많다. (GPA검사지 결과 자료 참조)

* 1차 도형으로 3번 그린 도형이 Weak Point로 나타나는 경우도 많다.
* 문항점수와 도형그림을 동시에 관찰하는 것이 매우 중요하다.

위크 포인트_ Weak point Type

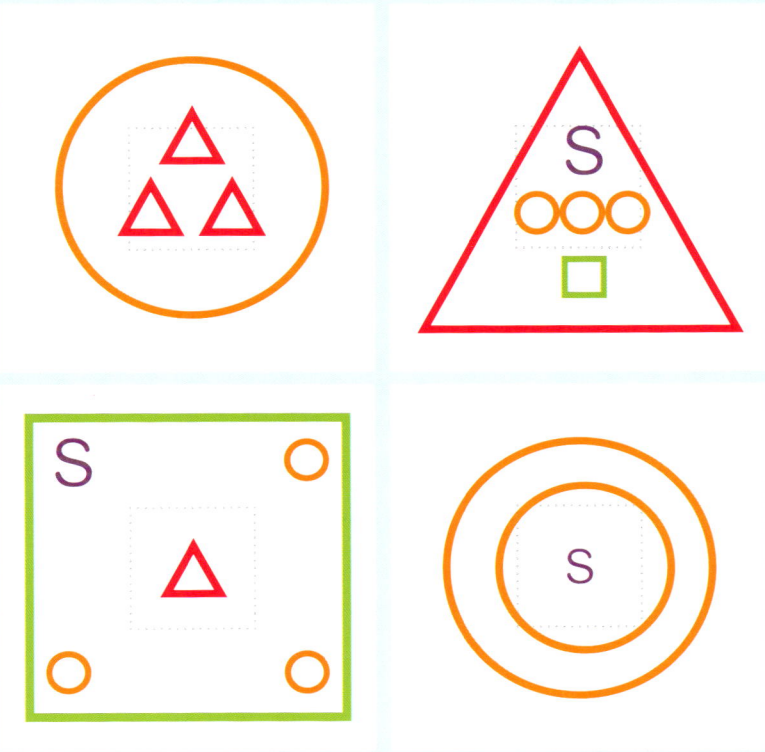

코칭질문_ MEMO

위크 포인트_ Weak point Type : 동그라미

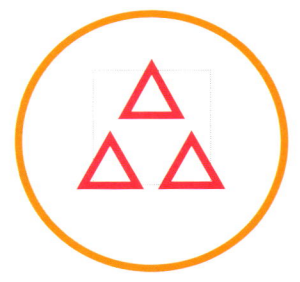

ISSUE : 사람, 관계, 환경 – 사교성

WHO l 포용력

- 역지사지 / 내가 그 라면?
- 현재 가장 큰 관심사는(주된 영역) ?
- 좋은 관계로 지내기 위해 필요한 것은 무엇인가요?
- 자신의 소유자원과 필요자원은 무엇인가요?
- 무엇을 더 개발할 수 있을까요?

코칭질문_ MEMO

위크 포인트_ Weak point Type : 세모

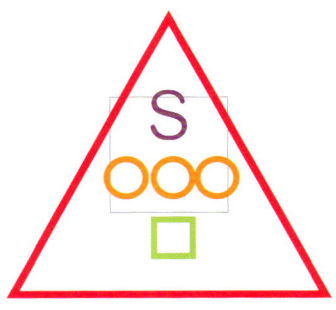

ISSUE : 자신감, 목표, 계획, 승진 – 자신감

When l What | 적극성

- 지금 시작하고 싶은 일(말)은 무엇인가요?
- 지금 시작하지 않으면 어떻게 될까요?
- 그 일(말)을 하면 무엇이 달라질까요?
- 어떻게 해 볼 수 있을까요?
- 무엇을 가장 먼저 할 수 있나요?

코칭질문_ MEMO

위크 포인트_ Weak point Type : 네모

ISSUE : 공동체, 지식, 자금, 학업 – 신중함

How | 신중함

- 정확함, 신중함이 주는 유익은 무엇인가요?
- 어떻게 되기를 원하나요?
- 어떻게 할 수 있나요?
- 언제부터 할 수 있나요?
- 목표를 이루었을 때 어떤 느낌이 들까요?

코칭질문_ MEMO

위크 포인트_ Weak point Type : 에스

ISSUE : 영성, 이성, 예술성, 건강 – 유연함

Why | 감정 다스리기

- 지금 가장 하고 싶은 일은 무엇인가요?
- 그 일을 하면 어떻게 될까요?
- 그 일을 하지 못하는 이유는 무엇인가요?
- 자신이 가지고 있는 편견은 무엇일까요?
- 편견이 주는 유익은 무엇일까요

무기력(편집형)_ Stress Type

형태
에스(곡선)을 눕혀서 그린 경우

특성

한 가지 일에 지나치게 집착하거나 강박증세를 보이는 상태,
과도한 집착으로 망상에 시달려 고통스러워함,
곡선의 진폭이 클수록 초기상태
곡선의 진폭이 가늘고 길게 늘어질수록
심리. 신체, 정신적 상태가 힘들어 함

Ex) 약을 복용하여 신체적으로 힘들 경우
 무기력한 심리. 정서상태일 경우

* 요즘 들어 가장 어렵게 생각되는 일이 있나요?
* 그 일이 어렵게 느껴지는 이유는 무엇인가요?
* 자신이 해결 가능한 일인가요?
* 누구로부터 어떤 도움을 받을 수 있을까요?

무기력(편집형)_ Stress Type

다운 정서형_ Down Type

형태
일자로 나란히 배열된 상태

특성
단순한 사고를 하며 자존감이 낮거나
스트레스에 저항하지 못하는 경우에 나타난다.
의기소침해지며 자기학대나 회한이 많아진다.
심리적인 무기력, 우울하고 모든 것이 싫어진 상태
관계단절, 실패에 대한 좌절감 등 여러 가지 심리적인
원인으로 나타날 수 있다.

* 노인이나 유아기에 많이 나타나므로 무조건 우울도형으로
단정지어서는 안 되며 반드시 연령을 고려하여 분석해야 한다.

코칭질문_ MEMO

다운 정서형_ Down Type : 동그라미

ISSUE : 사람, 관계, 환경 – 외로움

Who | 관계회복

- 당신 곁에 있어주길 원하는 사람이 있나요?
- 그렇지 못하는 이유가 있다면 무엇일까요?
- 그 대상에게 원하는 것은 무엇인가요?
- 어떤 상태가 되길 원하나요?
- 그것을 위해 어떻게 할 수 있나요?

코칭질문_ MEMO

다운 정서형_ Down Type : 세모

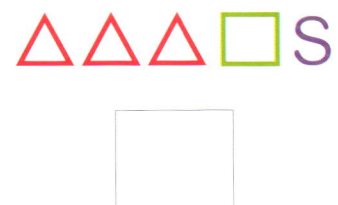

ISSUE : 자신감, 목표, 계획, 승진 – 실패

When l What | 목표회복

- 10년 전으로 되돌아 간다면 무엇을 하고 싶나요?
- 새롭게 시작한다면 무엇을/ 어떻게 할 수 있나요 ?
- 시작하지 못하게 하는 장애는 무엇인가요?
- 도전, 성취 라는 말을 떠 올리면 무엇이 생각나나요?
- 무엇을 가장 먼저 할 수 있나요?

코칭질문_ MEMO

다운 정서형_ Down Type : 네모

ISSUE : 공동체, 지식, 자금, 학업 - 두려움

How | 방법확인

- 두려움이 주는 유익은 무엇일까요?
- 극복하면 어떻게 될까요?
- 어떻게 할 수 있나요?
- 언제부터 할 수 있나요?
- 목표를 이루었을 때 어떤 느낌이 들까요?

코칭질문_ MEMO

다운 정서형_ Down Type : 에스

ISSUE : 영성, 이성, 예술성, 건강 - 허무감

Why | 창조 | 자율성 회복

- 존재감에 대하여 …
- 현재 가장 큰 관심사는(주된 영역)?
- 가장 중요하다고 여기는 가치는 무엇인가요?
- 그것은 당신에게 어떤 의미가 있나요?
- 그것을 위해 무엇을 할 수 있나요

태극형	갈등형

ISSUE : 사람, 관계, 환경 - 치유력

Who | 치유력

- 우주의 질서를 이해하고 치유력이 있다.
- 에스와 다른 도형이 부딪히면 갈등상황
- 에스와 동그라미 - 대인관계
- 에스와 세모 - 추진하는 일
- 에스와 네모 - 공동체, 자금, 학업

태극형

ISSUE : 사람, 관계, 환경 – 몰입, 집착

Who | 관계점검 | 상·중·하

- 조금 덜 관심 가져야 할 대상은 누구인가?
- 현재 가장 큰 관심사는(주된 영역) ?
- 무엇에 집중하고 있는가?
- 누구에게 집중하고 있는가?
- 정서적 거리를 유지하기 위한 방법은 ?

히란야형

의기저하형

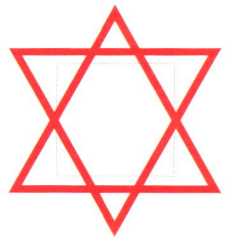

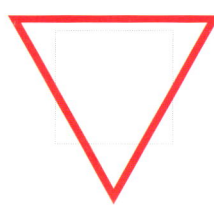

ISSUE : 자신감, 목표, 계획, 승진 – 통찰력

When l What | 직관력

- 직관력, 통찰력, 치유력이 있다.
- 역삼각형이면 의기소침해진 상황

* 히란야란?

산스크리트어로서 "황금의 빛"이라는 뜻으로 주로
육각형의 도형에너지(氣)가 나오는 氣제품을 지칭하며
솔로몬 문양 또는 다윗의 별 이라고도 한다.

히란야형

ISSUE : 자신감, 목표, 계획, 승진 – 분석

When l What | 객관화

- 현재 가장 큰 관심사는(주된 영역) ?
- 자신에게 얼마나 중요한 일인가?
- 객관적으로 바라보기
- 다양한 의견듣기
- 반드시 해야 하는 중요한 일인가

과정안내 미라클 캐릭터 코칭 전문가 자격 과정 안내

미라클캐릭터코치

전문가 과정

(사)한국코치협회 코치자격인증 수료과정 (20시간)
(사)한국직업능력개발원등록 민간자격과정(16시간)

교육개요 본 과정은 (사)한국코치협회에서 검증한 전문코치자격인증과정으로서
상담이나 코칭 및 교육에 필요한 기본지식과 스킬을 학습하므로
전문가로서 갖추어야 할 전문 역량을 개발할 수 있다.

* (사)한국코치협회 코치인증시험 KAC 응시 교육수료 20시간 인정
  캐릭터코칭지도사 (2급) 민간자격취득과정

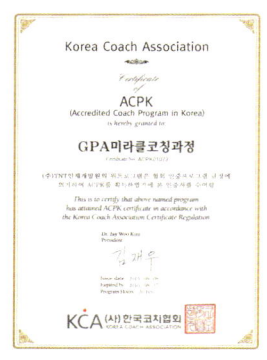
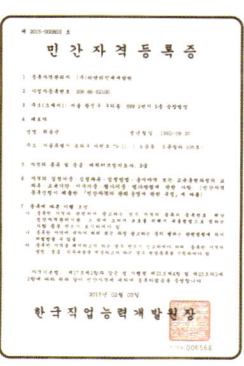

[과정안내] 미라클 캐릭터 코칭 전문가 자격과정

Module 1
GPA
미라클 코칭개요
- 코칭 개요
- 코칭 철학과 윤리
- 코칭의 효과
- 코칭의 용어정리
- 미라클 코칭의 체계
- 미라클 코칭 대화 프로세스

Module 2
GPA
도형심리 이해
- 코칭의 탐색 도구 이해
- GPA도형심리검사개요 및 실시방법과 해석법
- GPA검사결과 유형별 특성이해
- 캐릭터코칭기술, 카드활용 실습

Module 3
GPA
미라클 코칭
대화모델 및
핵심기술
- 래퍼 형성, 인정과 칭찬기술 이론과 실습, 롤 플레잉
- 경청스킬, 질문스킬, 피드백스킬 이론과 실습, 롤 플레잉
- MIRACLE 코칭 핵심기술 7가지 이해, 사례실습
- MIRACLE 코칭모델의 의미, 과정, 순서
- MIRACLE 코칭모델에 따른 수행질문

Module 3
프로코치의
비전과 전망
- 프로코치가 갖춰야 할 역량과 자질
- 프로코치의 비전과 역할, Follow up
- 평가 및 마무리

GPA®
Miracle Geometry Psychology Pictogram Coaching

도형심리 픽토그램 코칭

Geometry Psychology Assessment
Minibook 4th Edition by mira oh

참고문헌

오미라.「**도형심리로 나를 읽는 기술 타인을 아는 지혜**」 높은오름 (2010)
오미라.「**도형심리로 통하는 관계심리학**」 북셀프 (2010)
오미라.「**도형심리상담코칭스킬 (2급) 교재**」 높은오름 (2012)
오미라.「**도형심리상담코칭스킬 (1급) 교재**」 높은오름 (2013)
강범모 (2008)
최정윤 (2007)
정범환 (2005)